FACULTÉ DE DROIT DE PARIS.

Thèse
POUR LA LICENCE.

L'Acte public sur les matières ci-après sera soutenu,

le mardi 8 août 1854, à une heure,

Par Camille COULLARD-DESCOS, né à Saint-Étienne (Loire).

Président : M. BUGNET, Professeur.

MM. DE PORTETS,
ROYER-COLLARD, } Professeurs.
PELLAT,
ROUSTAIN, Suppléant.

Suffragants

Le Candidat répondra en outre aux questions qui lui seront faites sur les autres matières de l'enseignement.

PARIS.
VINCHON, FILS ET SUCCESSEUR DE Mme Ve BALLARD,
Imprimeur de la Faculté de Droit,
RUE J.-J. ROUSSEAU, 8.

1854

3521

A MON PÈRE.

A LA MÉMOIRE DE MA MÈRE.

JUS ROMANUM.

DE PECUNIA CONSTITUTA.
(Dig., lib. 13, tit. 5.)

§ 1. — *De constitutæ pecuniæ origine.*

Romæ fuerunt argentarii pecuniæ commercium agentes : hi, si quis debitor pecunia egeret, promittebant sese creditori in diem soluturos ; qua promissione facta etiam sine solemnitate, actione *receptitia* tenebantur, ita dicta quia ab his creditor ad solutionem diem recipiebat. — Prætor edicto, naturali æquitati favens, et corrigendi juris civilis gratia, constituta ex consensu privatorum facta etiam custodienda voluit : ait enim prætor :
« Qui pecuniam debitam constituit... Si appareat eum qui cons-
« tituit neque solvisse neque fecisse, neque per actorem stetit
« quominus fieret quod constitutum est... Eamque pecuniam cum
« constituebatur debitam fuisse ; *judicium dabo.* » *Constitutum* est igitur pactum quo quis, quod a se vel ab alio deberetur, id ipsum vel quidpiam aliud vice ejus, se soluturum paciscitur. Si quis igitur sine stipulatione, id est sine solemnibus verbis,

aut litteris, sed solum pacto, promittit quod jam ipse debet vel quod ab alio debetur, constituisse pecuniam et actione pecuniæ constitutæ teneri dicitur. *Pecuniæ* nomine non solum numerata pecunia, sed omnes res tam soli quam mobiles, et tam corpora quam jura continentur.

§ 2. — *De his quæ ad substantiam constitutæ pecuniæ pertinent.*

Quum aliquid antea debetur, constitui potest; nec refert quo jure deberetur; debitum vel natura sufficit : a fortiori ad constitutum venire potest qui honorario jure obligatus est, videtur enim debitum quod et jure honorario debetur. Si quis igitur a servo suo mutuum accepit, et postea emancipato servo, pecuniam de qua non jure civili tenebatur, constituit, valide fecit. Item ex quacunque causa civili constitui potest; id est ex quocunque contractu, sive certi, sive incerti, ex causa emptionis, vel ex causa dotis, vel ex delicto, vel ex causa tutelæ, vel ex quacumque alia.

Hactenus constitutum valebit, si quod constituitur debitum sit; quæ verba lato sensu comprehenduntur. Attamen de debito efficace agitur ; si quis enim constituerit quod quidem jure civili debebat, sed quod jure prætoriano non debebat, id est exceptione tutus, constituendo non tenetur; quia non est pecunia debita nec naturali, nec etiam civili jure, saltem cum effectu. Ita Pomponius scribit. Si tamen ea exceptio sit quæ naturalem obligationem relinquat, debitum est quod constitui potest : hinc, quod si maritus plus constituit ex dote quam facere poterat; quia debitum constituerit, in solidum quidem tenetur, sed mulieri, in quantum facere potest, condemnatur.

Et valebit constitutum, etiamsi nullus appareat qui debeat, utputa, si ante aditam debitoris hereditatem, constituat quis se soluturum ; et vice versa, valebit etiamsi nullus appareat qui sit creditor, utputa, si quis decessit, et tu velis aliquid ei debitum constituere, sane potes, etiam ante aditam hereditatem, ignorato herede; — quoniam debita pecunia constituta est. Item, si quis debitor hominis, *post moram ab eo factam*, mortuo illo homine, hominem se daturum constituerit, de constituta pecunia tenebitur ut pretium ejus solvat. — Sufficit etiam debitum fuisse cum constitutum factum est; nec refert an postea debitum jam non sit. Eadem causa si debitor sis, et temporali tantum actione obligatus, constituas, etiamsi principalis actio perierit, nihilominus constitutæ pecuniæ actione obligatus manebis.

Non solum quod pure debetur constitui potest, sed et quod in diem. Quinetiam, si forte quis sub conditione debeat, constitutum facere merito potest, sed sub eadem conditione qua debitum; si conditionem in pacto omiserit, non minus ea supendetur constitutum; ita ut, existente conditione, de constituta pecunia teneatur; deficiente vero, depereat utraque obligatio. Si qui pure debet sub conditione constituit, constitutæ pecuniæ actione tenebitur.

Cui constituit, eamdem quantitatem quæ debetur promittere licet vel minorem, non majorem. Inde, si quis ducentos debens, centum pacto promittit, actione constitutæ pecuniæ tantum usque ad centum tenebitur, et centum alii nummi solummodo priore actione peti poterunt; si decem debens viginti constituit se soluturum, usque ad decem tantummodo tenebitur; et is qui sortem, et usuras quæ non debebantur, constituit, in sortem duntaxat obstrictus manebit, nec de usuris agi poterit. — Attamen non necesse est, ut pactum valeat, eadem quæ debentur constitui; nam, ut debitorem, quum partes consentiunt, aliam rem solvere posse quam quæ debetur, non dubitandum est, ita, consentienti creditori, qui centum debet, agris scilicet usque ad idem pretium constituere potest. Item alio loco vel die quam ex pristina causa debeatur constitui potest, ùtputa si quod debebas Ephesi, in alio loco constituas te soluturum. Etiam citeriore die constitui potest, et eo differt constitutum a fidejussione.

Vidimus quid constitui possit ; nunc videamus qui possunt constituere et quibus. — Mulieres etiam constituere possunt, si modo non intercesserint, id est si non quod alius debet, solvere constituerint; senatusconsulto Velleiano prohibente ne mulieres pro aliis obligentur. Pupillum, etsi de eo nihil sit expressum edicto, constat constituere posse cum tutoris auctoritate; si vero non auctore tutore constituerit, sine dubio non tenebitur. Item filiusfamilias si constituerit, tenebitur. — Sicut solvi recte potest non solum creditori, sed etiam alio pro creditore; ita non necesse est, ut constitutum valeat, ipso creditori constituere, utputa si quis, quod tibi debetur, mihi constituat te consentiente, recte constituerit et tenebitur. Sed si alio constituebatur non consentiente creditore, constitutum non validum foret, etsi illo cui constituitur recte solvi possit. — Adjecto tantum priori obligationi solutionis gratia non potest debitor constituere, quia is adjectus nullam possidet actionem.

Utrum præsente debitore an absente, constituat quis, parvi refert. Imo non immerito Pomponius ait eum qui absente debitore constituit, etiamsi hic illi defendat ne solvat, nihilominus actione constituti obligatum manere ; nam, cum semel sit obligatus qui constituit, factum debitoris non debet eum recusare.

Constitutum pro alio factum valere intelligitur, si modo qui constituit, tanquam ab alio debitum, faciat; si vero tanquam a se debitum, quod alter debet, constituat, constitutum non valebit. Quod patet ex hac specie : Seii defuncti creditores Titio persuaserunt quod ad eum hereditas pertineret, et fecerunt ut ipsis constituat, tanquam a se herede debitum, quod Seius debebat ;

quum ad Titium nihil ex hereditate pervenerit, quia verus heres exstitit, de constituta pecunia eum conveniri non posse dicimus : etenim promiserat se soluturum quod ipse reipsa debere existimabat, non quod defunctus debebat. Item si usuras de eadem causa dedisset, erga eum creditor condictione indebiti teneretur. — Simili ratione, si pater filii nomine decem constituerit se soluturum, quamvis in peculio quinque tantum fuerint, de constituta in decem tenebitur; si plus quam est in peculio suo nomine constituit, non tenebitur in id quod plus est : si enim suo nomine constituat, id est, tanquam a se debitum, non potest constituere se soluturum plus quam quod ipse debet; si nomine filii constituat, potest constituere totum quod filius debet.

Stipulari spondereque pro nobismetipsis tantum possumus. Idem et in constituto : inde, si quis non se pro alio, sed alium soluturum promisit pro alio, non tenebitur; si debitor constituit Titio creditori se Sempronio soluturum, non tenebitur. Quod confirmat Justinianus Novella XV, qua statuit, si quis constituit *se et alium* soluturos, pro portione ejus duntaxat valere constitutum; sin vero ita *se aut illum*, ipsum solum in solidum obligari; sin vero *impersonaliter*, nullam ex tali constituto obligationem contrahi. Cæterum parvi refert utrum servo an domino, pupillo an tutori, furioso an curatori, constituas; pro eo enim in cujus potestate est quis pacisci potest.

Ut constitutum valeat, requiritur ut paciscentes in hoc consentiant ut constituatur; si igitur stipulatio inutilis facta fuisset, altera pars non dicere posset se non stipulationem, sed constitutum fecisse, et ideo pactum valere, nam in animo partium stipulatio, non constitutum fuit. Constituere autem possumus quocumque modo, et per nosmetipsos, et per epistolam et quibuscumque verbis. Non necesse est quantitatem exprimere; si quis constituit tantum se soluturum, de integro debito tenebitur. Quæsitum est an dies adjicienda sit? *Constituere* enim, aliquam diem addicere significat; et secundum strictum jus, statim post constitutum conveniri non posses; sed late patentibus edicti verbis, nec ullam diei mentionem exigentibus, æquitati conveniens visum est, modicum tempus statuendum esse non minus decem dierum, ut exactio celebretur; ita ut omne constituti pactum nullam diem continens, hoc tempus servare censebitur.

§ 3. — *De effectu constituti, et de constitutæ pecuniæ actione.*

Constitutum non priorem obligationem consumit; si quis pro alio promisit se soluturum, is pro quo constituit, obligatus manet; et debitor et constituens usque ad solutionem una obligantur, et utraque actio servatur : solutione facta duæ obligationes pereunt.

Creditori competit actio pecuniæ constitutæ si qui constituit non constituto satisfacit. Non satisfacere videtur qui, quum illud aut illud debuit, et constituit alterum, alterum quod non constituit, solvere vult; nec satisfacit qui, quum mihi aut Titio dare promisit et mihi postea soluturum constituit, Titio solvit ; hoc enim casu mihi obligatus manebit, Titius vero condictione indebiti agi poterit. Sed si quis tibi ex nunc soli obligatus, tibi aut Titio postea constituerit, et postea Titio solverit, etsi stricto jure propria actione tibi obligatus maneat, tamen per exceptionem adjuvatur. Item non satisfacere constituto videtur qui post addictum tempus non solvit, dummodo non per actorem steterit, antea vel postea, quominus fieret quod constitutum est. Quamvis ipso jure committatur actio si die constituti solutum non fuerit; tamen si alia die offerat debitor, nec actor accipere voluit, nec ulla fuit justa causa non accipiendi, æquum est succurri reo, aut exceptioni aut justa interpretatione, ut factum actoris usque ad tempus judicii ipsi noceat : ùt illa verba *neque fecisse,* hoc significent, ut neque in diem in quem constituit, faceret; neque postea.

Actio constitutæ pecuniæ et in heredes constituentis, datur, et hæredibus illius cui constituitur, competit; nec solum si a debitore, sed etiam si pro alieno debito constitutum est factum. Si duo rei sunt qui constituerint, vel cum altero agi poterit in solidum. Justinianus censuit adjuvandos esse correos constituendi instar fidejussorum, et voluit creditorem compelli posse, ut a singulis qui modo solvendo sunt litis contestatæ tempore partes petat; imo illos credo, sicut et fidejussores, cogere creditorem posse, ut primo loco principalem debitorem conveniat.

Constitutæ pecuniæ actio olim ab actione receptitia differrebat, qua soli argentarii tenebantur : hæc erat perpetua, illa annalis tantum. Justinianus hæc discrimina abrogavit, et quod altera actio plenius habebat, in alteram transfudit.

AD SENATUSCONSULTUM VELLEIANUM.
(Dig., lib. 16, tit. 1.)

Primis Romæ temporibus, constat mulieres, vel alieni juris, vel in perpetua tutela, omnes fuisse; et sic omnimodo cautum erat ne tenere sese obligent. Sed paulatim, prudentum subtilitate, ad hoc ventum est ut plenam sui et suorum bonorum potestatem habuerunt; hinc sæpius matresfamilias rem familiarem, propter rerum ignorantiam aut sexus imbecillitatem, non solum minuerunt, sed omnino amiserunt. Augustus et Claudius imperatores huic malo remedium afferre voluerunt, et fœminas prohibuerunt ne pro viris suis intercederent; sic eis facultas servabatur pro aliis intercedere, et mox paruit hoc malum quoque esse vitandum. Ergo Marco Silano et Velleio tutore consulibus, factum est senatusconsultum quo plenissime fœminis omnibus subventum est; quod enim senatusconsultum prohibuit ne mulieres pro ullo intercederent; per exceptionem succurrebatur mulieribus, quæ, propter ignorantiam suam, vel ab aliis deceptæ, sese pro alio obligaverint.

Videamus primo ad quas Velleianum spectet obligationes; ad quas senatusconsulti auxilium porrigatur, ad quas non porrigatur? Ad omnes obligationes quas mulier in persona vel in re sua pro aliis contrahit senatusconsultum spectare, respondendum est. Sive se, sive res suas in rem alterius obliget, senatusconsulto locus est; nec interest qua contractus specie, pro qua persona, erga quem debitorem, utrum per seipsam directe, an per dolum quemdam fraude senatusconsulto facta, mulier intercedat. Hinc si quæ fundum suum pro alio obligaverit, hunc *in rem* actione petere semper poterit, etiamsi vendiderit creditor; nam ille non pignus, sed rem alienam vendidit; dominium non suum alteri transferre non potuit. — Pluribus vero modis mulier intercedere potest; ut puta, cum mulier alienam obligationem jam contractam in se transfert : nimirum promittendo novandi animo quod alter debet; vel cum mulier alicujus obligationi accedit; vel cum obligationem quam quis nondum contraxit sed erat contracturus, mulier vice hujus personæ contrahit.

Non interesse diximus qua contractu specie, sive re, sive verbis, sive quacumque alia mulier intercedat. Sic, mulier pro alio intercedit quæ rem suam tradidit alicujus creditori, ut pretium in solutum debiti teneat; item quæ defensor alicujus exstitit, sine dubio intercedit; nam si condemnationem subeat, alienam successit obligationem. Similiter si mulier, se existimans heredem esse, et eo nomine decepta, in jure interrogata heredis obligationem successit, exceptione senatusconsulti adjuvabitur; si se heredem non esse non ignorasset, non intercessisse videretur, nam decepisset.

Pro quacumque persona mulier intercedere potest; ideo quæ pro viro, patre, filio, vel aliquo alio sese obligavit, intercedere videbitur. Verbi gratia, si mater tua indemnitatem repromisit tutori se excusanti, pro eo quod tu filius tutori ex causa tutelæ debere poterit, exceptione senatusconsulti recte utetur. Quinetiam mulierem intercedere intelligendum est quæ pro servo suo fidejubet; nisi pro ejus negotio servus fecerit, cessat enim senatusconsultum quoties mulier in suam rem intercedit : si pro eo qui obligare non potest, veluti servo alieno, intercedit, nulla est obligatio, et in dominum actio est restituenda. — Senatusconsulto locus est erga quemlibet creditorem mulier pro alio intercedat, etiamsi erga servum, etiamsi erga pupillum : cum igitur servi ad negotiationem præpositi, cum alio contrahunt, et mulierem intercedentem idoneam accipiunt, illa mulier exceptione tuetur; item si mater pupillo tutorem non idoneum petiit, et sponte periculum suscepit, senatusconsulto uti potest.

Si in fraudem senatusconsulti mulier intercedere voluerit, censet Paulus etiam ei succurri debere. Mulier in fraudem senatusconsulti intercedit quum personam alterius interposuit; ut puta si alicui mandet ut pro suo filio intercedat; rem tamen puto esse distinguendam : si creditor scisset mulierem sic egisse ut senatusconsultum eluderet, excludetur exceptione fraudis senatusconsulto factæ ; fraus enim facta est senatusconsulto quum hoc quod senatusconsultum fieri a muliere vetat, factum est a persona quam mulier interposuit; — si vero ignorasset mandatum matris, exceptionem senatusconsulto replicatione doli repellet. — In fraudem quoque senatusconsulti agit mulier quum personam suam interposuit, ut vice ejus pro quo vult intercedere, ipsa principaliter contrahere videatur; ut puta, si quæ mutuum accepit ad usum alienum, *non ignorante* creditore eam pro alio intervenire; nam si creditor fraudis non conscius fuisset, non dubito quin senatusconsultum cesset; alioquin cum fœminis contrahere jam non liceret, quia sæpissime creditor scire non potest quid acturæ sint. Oportet vero non conscium creditorem fuisse, et cum a muliere stipulatus est, et cum pecuniam numeravit, ut locus non sit senatusconsulto.

In variis casibus intervenire videtur mulier, dum reipsa non interveniat; tunc senatusconsultum cessat. Senatusconsulto enim locus est quum mulier *intercedit*; quæ quidem intercedere dicitur, quum non suas sed alienas res gerens, se vel sua bona obligat, sive per se ipsam, sive per interpositam personam. Inde si, tibi animo donandi, mulier creditori tuo nummos numeraverit aut quamlibet suam rem in solutionem dederit, non intercedit : senatusconsultum enim obligationes solum mulieris pro alio susceptas infirmat, quia facilius se mulier obligat quam donat alicui. Item si creditori tuo mulier debitorem suum delegavisset non intercessisset; sed si cum delegavisset qui debitor ejus non fuit, fraudem senatusconsulto fecisse videbitur et exceptio dabitur, nam hoc casu se obligat ad vice ejus solvendum.

Intercessionem mulieris non magis vidimus, si mulier propter utilitatem alterius quidem obligatur, sed principaliter contrahendo; ut puta si mater rogavit tutores filiorum suorum ut non gererent negotia pupillaria, sed ipsi permitterent ea gerere; et cum tutores, si quid a matre male gestum foret, tenerentur pupillis, si mater eis indemnitatem promisit; neque enim obligationi tutorum erga creditores pupillos mater accedit, sed potius erga ipsos tutores se obligat, et constat neminem posse pro aliquo apud ipsum intercedere. Hoc evidentius apparebit hac specie : si quod tibi debebat mulieri quis solvit, et ab illa stipulatur *ratam rem te habiturum*, tu vero non ratum habes, is agere ex stipulatu poterit, neque mulieri exceptio senatusconsulti proderit; alienam enim obligationem non suscepit cum debitor obligatus manet; sed potius videtur ipsam fecisse obligationem, et reddere cogetur quod non debitum acceperat.

Non intercedit mulier quæ alterius quidem obligationem suscipit, verum in rem suam. Inde si mulier, alicujus adita hereditate, istius consequenter æs alienum suscipiat, non senatusconsulto utetur, nisi fraude creditorum id conceptum sit; in rem enim suam fecit mulier, et non tam facile restituitur mulier quam minor. Item si debitrix mulier a creditore suo delegata pro eo expromittit, in rem suam se obligat; porro senatusconsultum non porrigitur ad casus in quibus mulier in rem suam intercedit; quum talis intercessio nullum damnum ipsi afferat. Verum, si mulier promittat pecuniam pro creditore suo, nec ab ipso delegetur, non intercedit in rem suam; non enim quidquam consequitur ex tali intercessione, nil bonis ejus accedit: non igitur in rem suam videri potest intercessisse; quare locus est senatusconsulto. — Si contra vir uxori, animo donandi, rem viliori pretio vendidit, et in id pretium creditori suo delegavit, venditio nullius est momenti; et, si creditor, existimans mulierem debitricem mariti fuisse, pecuniam a muliere peteret, huic exceptio utilis foret; quum enim emptio non valeret, mulier non erat debitrix pretii; expromisit igitur quod non debebat; ergo non in rem suam, sed in rem mariti se obligavit; adeoque vere intercessit. — Si partim in rem suam, partim in rem alienam mulier se obligavit, quatenus in rem suam se aut res suas obligasse videbitur, eatenus non juvabitur exceptione: verbi gratia, prædium uxor viro donavit, idque a viro pignori datum post divortium recuperavit, et idem ob debitum viri pignori dedit; si illud prædium diligentissima viri gestione melius factum est, in id duntaxat rem suam fecisse mulier videbitur, quod offerre viro debeat, meliori prædio facto, et ad eam pecuniam tenebitur.

Senatusconsultum notandum est deceptis mulieribus, non

decipientibus, opitulari; et replicatione doli creditor deceptus senatusconsulti exceptionem removebit: infirmitas enim foeminarum, non calliditas, auxilium meruit.

Aliæ sunt in Codice senatusconsulto exceptiones quas Justinianus attulit: ait enim, non locum habere senatusconsultum, cum mulier pro quavis muliere dotem spopondisset, ne indotata sit mulier; aut si in aliquam summam se obligasset ut servus aliquis manumitteretur; item si mulier, quum intercederet, aut postea, aliquid acceperit quasi pro intercessionis suæ præmio; denique si post biennium intercessionem suam nova cautione data, vel pignore, confirmasset.

Duo sunt effectus senatusconsulti Velleiani: — primo infirmatur mulieris obligatio adversus senatusconsultum contracta, exceptione data qua et mulieres et heredes ejus quoque adversus creditores uti possunt. Si a muliere intercedente fidejussorem creditor accepit, huic quoque fidejussori exceptionem competere existimo; nam si talis fidejussor posset efficaciter conveniri, haberet actionem mandati adversus mulierem; et sic fieret ut mulier indirecte ex sua intercessione obligaretur. Secus autem esse debere putabat Cassius, si fidejussor mulieri donandi animo fidejussisset; quia ratio modo allata cessat: Julianus autem, ut nobis videtur, recte putat fidejussori exceptionem esse dandam etiamsi adversus mulierem mandati actione agere non posset, quia totam obligationem senatus improbat. — Interdum intercedenti mulieri competit condictio: ut puta, si mulier, quum primum pro alio aliquid promisit, deinde ignorans se adversus hanc obligationem esse exceptione senatusconsulti munitam, ut exsolveret quod promisit, debitorem suum delegaverit, condictione agere poterit quemadmodum si pecuniam solvisset; solvit enim et qui reum delegat. Item si creditor pignus quod per intercessionem acceperat, alii vendidit, petitionem puto dandam esse mulieri et adversus bonæ fidei emptorem, ne melioris sit conditionis emptor quam fuerit venditor, quod esse non debet.

Secundo, restitutoria creditori actio datur adversus eum pro quo mulier intercessit. Hac actione creditor agere potest ut restituatur pristina obligatio, etiam pendente conditione vel die sub qua mulier expromisit; etiam postquam mulier solvit, quamvis nondum illa solutum condicat; etiam, si ipse mulieri heres exstiterit, quia non obligata cum effectu successerit; tam in pristinum debitorem quam in fidejussores et alios qui ex vetere obligatione tenebantur. Talis restituitur actio, qualis fuerat; si temporalis erat, temporalis restituitur : tempus vero hujus restitutæ actionis computari debet ex quo obligatio contracta est; nunquam enim debuit sisti; quia nunquam creditor impeditus fuit agere adversus priorem debitorem. — Si pro te mulier, ut interposita persona, obligationem contraxerit quam contracturus fuisses, in te datur actio quæ instituit magis quam restituit obligationem; ut perinde obligaris eodem obligationis genere quo mulier est obligata. Si tamen pro quodam intercedit qui, si cum eo contractum esset, non obligaretur, ut pro pupillo non auctore tutore, aut pro minore viginti quinque annis qui in integrum restitui potest, aut pro filiofamilias qui contra senatusconsultum Macedonianum mutuam pecuniam accepit, non actionem puto dari adversus eum pro quo intercessit.

POSITIONES.

I. Quod jure civili, sed non prætoriano, debetur, constitui non potest.

II. An necesse sit eadem quæ debentur constitui? — Non.

III. Si quis tanquam a se debitum, quod alter debet, constituit, an constitutum valeat? — Non.

IV. Constitutumne valet etiamsi nullam quantitatem neque ullam diem contineat? — Valet.

V. An constitutum novationem efficit? — Non.

VI. Hi qui pecuniam constituendi correi sunt, possunt, sicut et fidejussores, compellere creditorem ut actionem contra eos dividat.

VII. Num mulier quæ alicui mandat ut pro alio intercedat, senatusconsulto adjuvatur? — Distinguendum.

VIII. Senatusconsultum obligationes non liberalitates infirmat.

IX. Non intercedit mulier quæ alterius quidem suscipit obligationem, verum in rem suam.

X. Poteritne fidejussor, ab intercedente muliere datus, exceptione uti senatusconsulti, etiamsi mulieri fidejusserit animo donandi? — Poterit.

DROIT FRANÇAIS.

DU CAUTIONNEMENT.
(Code Nap., liv. 3, tit. 14.)

Quiconque est obligé personnellement est tenu de remplir ses engagements sur tous ses biens mobiliers et immobiliers, présents et à venir; tel est le gage commun à tous les créanciers. Ce gage, quelque étendu qu'il paraisse, est souvent inefficace, car d'une part le débiteur conserve le droit de le détruire en dissipant ses biens, et d'autre part il appartient indistinctement à tous les créanciers; les plus récents comme les plus anciens viennent au même rang. Les créanciers échappent à ces inconvénients en se plaçant en dehors du droit commun, en se faisant consentir par leur débiteur des sûretés particulières. Ces sûretés peuvent être *réelles* ou *personnelles;* les sûretés réelles consistent dans l'affectation spéciale d'un ou plusieurs biens au payement de la dette; tel un gage, telle une antichrèse, une hypothèque. Les sûretés personnelles consistent, soit à rendre plus rigoureux le lien qui entrave le débiteur, soit à étendre le gage naturel qu'a le créancier sur les biens de son obligé, au patrimoine d'autres personnes qui veulent bien y consentir ; telle la contrainte par corps, quand elle est permise, telle la stipulation de solidarité, tel le *cautionnement*.

CHAPITRE PREMIER.

NATURE ET ÉTENDUE DU CAUTIONNEMENT.
(Art. 2011-2020.)

§ 1ᵉʳ. — *De la nature du cautionnement.*

Il importe de distinguer le cautionnement de divers contrats, de diverses obligations qui, par leur forme ou leur nature, présentent avec lui de l'analogie. Le contrat de cautionnement est celui par lequel un tiers promet à un créancier de lui payer ce qui lui est dû, si son débiteur ne le satisfait lui-même. Cette définition du Code, qui est du reste exacte, fait comprendre la différence qui existe entre une caution et un porte-fort ; la caution intervient sur une obligation préexistante pour en garantir l'exécution ; le porte-fort au contraire promet la formation d'un lien, d'une obligation encore dans le néant ; le porte-fort a rempli son obligation lorsque le tiers dont il avait promis l'engagement a contracté, et son obligation, s'il ne l'a pas rempli, se résoud en dommages-intérêts ; la caution n'est libérée qu'autant que l'obligation préexistante a été exécutée ; l'un est un obligé principal, l'autre un obligé accessoire.

Le contrat de cautionnement qui a aussi de l'analogie avec le *pacte constitutæ pecuniæ* des Romains, surtout quand la promesse de payer est faite par un autre que le débiteur, s'en distingue surtout par ce caractère principal que le cautionnement n'est qu'une adhésion à l'obligation même du débiteur principal, au lieu que le *pacte constitutæ pecuniæ* est l'addition d'un nouveau débiteur tenu *proprio nomine*, dont l'obligation *stat propriis viribus*. Mais ces deux sortes d'engagements se rapprochent en ce point que tous deux supposent et garantissent une obligation préexistante. — Il est utile encore de distinguer le cautionnement d'un contrat de mandat, qui s'en rapproche ; lorsqu'une personne dit à un tiers : « Prêtez à Primus, mon ami, je vous le garantis, » l'engagement que prend cette personne touche de bien près à un cautionnement ; toutefois, en y regardant de près, on voit qu'ici le mandant joue le rôle principal, prend l'initiative, est le moteur de l'opération ; aussi verrons-nous là un mandat et des obligations de mandat plutôt qu'un cautionnement. Dans le cautionnement, en effet, s'il y a un mandat, ce mandat n'existe pas comme ici du fidéjusseur au prêteur, mais bien du débiteur au fidéjusseur ; dans le cautionnement, le prêteur n'est nullement mandataire du fidéjusseur.

C'est donc entre le débiteur et la caution que le contrat de cautionnement suppose un mandat. Ce mandat peut être exprès ou tacite ; il est *exprès* si la dette est cautionnée sur l'ordre du débiteur ; il est *tacite*, si elle est cautionnée sans son ordre, mais à sa connaissance et sans qu'il y fasse opposition. Une dette peut être cautionnée à l'insu du débiteur ; il se forme alors du débiteur à la caution un quasi-contrat de gestion d'affaires. Enfin, un créancier ayant le droit de prendre ses sûretés indépendamment même de la volonté de son débiteur, un tiers peut cautionner la dette contre le gré du débiteur ; si dans ce cas, on ne peut trouver place pour un mandat ou une gestion d'affaires, on reconnaîtra du moins à la caution qui a payé pour le débiteur une action *de in rem verso* contre ce dernier.

Remarquons bien que ces rapports divers entre le débiteur et celui qui le cautionne, ne constituent nullement *le contrat* de cautionnement ; ce contrat se passe entre le créancier et la caution, et son but est de procurer une sûreté au créancier ;

ceci ressort clairement de la définition que nous avons donnée du cautionnement, dans laquelle une seule obligation est signalée, celle du fidejusseur. Quant au créancier, il ne s'oblige à rien, et s'il est implicitement tenu de céder ses actions à la caution qui aura payé pour le débiteur, c'est là une obligation qui découle bien moins du contrat que de la loi même, le transport de ces actions ayant même lieu de plein droit. — Le contrat de cautionnement est donc un contrat *unilatéral*. Il en résulte que l'acte sous seing privé qui constate le cautionnement n'a pas besoin d'être fait double, la caution accédât-elle à un contrat synallagmatique.

Le contrat de cautionnement intervenant entre le créancier et la caution, c'est par rapport à ces deux personnes qu'il faut l'envisager pour reconnaître quels sont ses véritables caractères; s'il intervient en même temps que l'obligation principale, comme le créancier en a probablement fait la condition de cette obligation, et qu'il ne reçoit dès-lors que ce qui lui est dû, le contrat est *à titre onéreux*; mais s'il intervient, la dette une fois contractée, dans le seul but de prémunir le créancier contre les chances d'insolvabilité du débiteur, c'est alors véritablement un contrat de bienfaisance; je ne crois pas cependant qu'il faille y voir une donation soumise aux règles particulières à ce contrat; en effet, la caution conserve toujours l'intention de recourir contre le débiteur et d'en obtenir le montant de tout ce qu'elle aura payé, si c'est possible. Lorsque nous voyons un contrat de bienfaisance dans le cautionnement intervenu, la dette une fois contractée; nous supposons, toutefois, que le créancier n'a pas acheté cette garantie à la caution; si, en effet, le créancier indemnisait la caution pour le danger dont elle le préserve, nous verrions là un contrat d'assurance, synallagmatique et à titre onéreux. — Dans les rapports entre le débiteur et la caution, le cautionnement est généralement un *acte de bienfaisance*;

ce caractère de gratuité n'est pourtant pas essentiel, rien n'empêche la caution de stipuler du débiteur un prix au service qu'elle lui rend, un équivalent du risque qu'elle va courir.

Le contrat de cautionnement est un contrat *accessoire*, c'est là un caractère dominant et fertile en conséquences. C'est une obligation qui vient en fortifier une autre ; l'obligation du débiteur principal n'est en quelque sorte qu'étendue au fidéjusseur : « *una eademque res vertitur in obligatione.* » Il en résulte que, pour que l'obligation de la caution existe, il faut qu'il y ait une obligation préexistante, une obligation qui ait de la consistance, qui soit *valable*; on ne confirme pas, on ne fortifie pas le néant. D'un autre côté, la caution ne fait qu'accéder à l'obligation du débiteur principal et ne l'en décharge nullement; en cela, elle diffère de l'*expromissor*, dont l'obligation a pour but de décharger le débiteur de son engagement.

On ne peut cautionner qu'une obligation *valable*; peu importe du reste son origine, son objet, la modalité qui l'affecte; peu importe qu'elle soit née d'un contrat, ou d'un quasi-contrat, d'un délit, ou d'un quasi-délit ; qu'elle ait pour objet une chose à donner, à faire, ou à ne pas faire ; qu'elle soit conditionnelle, pure et simple, ou à terme. — On peut même cautionner une obligation *future*; seulement l'existence du cautionnement serait dans ce cas subordonnée à celle de l'obligation principale, et ne prendrait naissance qu'avec elle. — On conçoit qu'une obligation non valable ne puisse être cautionnée ; de ce que l'obligation de la caution est accessoire à celle du débiteur, il s'ensuit que l'obligation est pour la caution ce qu'elle est pour le débiteur; les exceptions qu'elle donne au débiteur, elle les donne au fidéjusseur, celles du moins qui sont inhérentes à l'obligation même; or, ce serait en vain que la loi aurait protégé le débiteur dont l'obligation est nulle, en lui conférant une action en nullité, si elle avait permis de cautionner cette obligation ; le fidéjusseur, après avoir désintéressé le créancier, ne pourrait-il pas revenir contre le débiteur pour se faire indemniser? En sorte que l'on arriverait à l'exécution d'une obligation nulle. De là la disposition rationnelle de l'art. 2012 : « Le cautionnement ne peut exister que sur une obligation valable. »

Toutefois, si l'obligation n'est pas radicalement nulle, si son existence est seulement imparfaite parce qu'elle est affectée d'un certain vice, si sa nullité n'est pas basée sur l'absence de l'une des conditions essentielles à sa consistance (consentement, cause, objet), mais seulement sur un défaut personnel au débiteur, tel que sa minorité, elle peut être cautionnée valablement (2012). Le débiteur peut demander la nullité de son obligation en invoquant son état de mineur, d'interdit, de femme mariée, etc.; mais la caution ne peut invoquer ces vices de minorité, d'interdiction qui affectent la personne du débiteur principal, parce qu'elle a eu précisément pour but de garantir le créancier contre l'annulabililité de l'engagement contracté par le mineur, l'interdit ou la femme mariée. Il est, en effet, des exceptions personnelles à la caution ; d'autres, personnelles au débiteur, et d'autres qui sont communes au débiteur et à la caution.

De ce que nous venons de dire, il résulte que le cautionnement peut avoir pour objet de protéger le créancier : 1° contre l'insolvabilité d'un débiteur valablement obligé; 2° contre la rescision ou l'annulabilité de l'obligation d'un débiteur très solvable.

La fidéjussion peut adhérer, non seulement aux obligations civiles, mais encore aux obligations naturelles, il y aura là une obligation présentant assez de valeur, assez de consistance, pour servir de base à un cautionnement. C'est ainsi que l'obligation contractée par le mineur, laquelle ne lie pas civilement le mineur, pourra servir de base à un cautionnement engendrant des obligations civiles. Nous avons ici, en effet, une obligation contractée par une personne, mineure il est vrai, mais qui a consenti, qui a connu l'engagement qu'elle prenait ; si la loi ne reconnaît pas à cette obligation une force de lien civil, c'est parce qu'elle établit une présomption d'imprudence dans ces actes où elle ne voit pas la présence du tuteur auquel elle a confié le soin d'agir pour le mieux. Aussi ne frappe-t-elle ces actes que d'une nullité relative ; elle n'a pour but que de protéger le mineur contre son inexpérience ; le mineur seul peut demander la nullité de ces actes, qui restent pleinement efficaces vis-à-vis de celui qui a contracté avec le mineur. Toutefois, le mineur qui a agi avec discernement est tenu dans son for intérieur par un lien naturel, et si la loi lui permet de s'y soustraire en usant d'un bénéfice particulier qu'elle lui accorde, il n'en est pas moins vrai que ce lien a une existence suffisante pour qu'un tiers puisse l'étendre jusqu'à lui par le cautionnement. La dette du mineur pourra donc être cautionnée ; l'article 2028 accorde un recours à la caution qui a payé pour le débiteur principal ; ici l'on conçoit que, si le mineur veut user du bénéfice qu'il trouve dans sa minorité, la caution ne pourra avoir un recours ; nous parlons, toutefois, du recours donné par suite de la gestion d'affaires et propre aux cautions, et comme il est d'équité que nul ne s'enrichisse aux dépens d'autrui, il est clair que la caution pourrait recourir contre le mineur dans la limite du profit qu'il a retiré, *in quantum locupletior factus est*, par une action *de in rem verso*.

La femme mariée non autorisée se trouve placée par notre législation dans la même position que le mineur, pour les engagements qu'elle contracte. Dans l'ancien droit, les jurisconsultes controversaient la question de savoir si ces actes de la femme étaient frappés d'une nullité absolue, ou d'une nullité relative, et Pothier tenait pour la nullité absolue. Aujourd'hui, il est reconnu que cette nullité est purement *relative* (art. 1125), et que l'obligation contractée par la femme, forme une obligation naturelle à laquelle le cautionnement peut adhérer.

Il faut donc qu'une obligation emprunte au moins au droit naturel, une force suffisante pour qu'elle puisse être cautionnée. En matière de cautionnement, une obligation naturelle est valable, bien que le droit civil la tienne pour nulle, en ce sens, que le débiteur principal jouit d'une exception personnelle ; cette exception étant en effet inséparable de la personne du débiteur, la caution ne peut l'opposer. Mais quand l'exception est *réelle*, c'est-à-dire que le vice qui affecte l'engagement lui enlève ses éléments essentiels, la caution pourrait-elle aussi opposer cette exception, et dès lors le cautionnement ne peut soutenir un engagement de ce genre. En conséquence, nous pensons, et en cela notre opinion est conforme à celle de Pothier, que l'exception fondée sur le vice provenant de la violence, de l'erreur ou du dol, pourrait être invoquée par la caution, parce que ce vice affecte foncièrement l'obligation, parce que c'est là une exception réelle ; d'où nous concluons que ces sortes d'obligations ne pourraient servir de base à un cautionnement. Toutefois, nous établirons une distinction : si la caution a ignoré le vice dont l'engagement était entaché, elle pourra opposer l'exception ; mais si en contractant elle a connu ce vice, comme elle est censée avoir voulu garantir une obligation annulable, ainsi qu'il arrive lorsqu'elle garantit l'obligation contractée par un mineur, cas dans lequel elle ne peut pas en droit ignorer le vice de l'obligation, elle n'aura pas droit à l'exception.

Les obligations contraire à l'ordre public et aux bonnes mœurs, étant radicalement nulles, ne peuvent être l'objet d'un cautionnement.

La vente du fonds dotal est frappée de nullité, néanmoins le cautionnement fournit à l'acquéreur, pour sûreté et garantie de son acquisition est-il valable, est-il obligatoire? Les auteurs sont divisés sur cette question ; l'art. 1560, autorise à ne considérer la nullité qui affecte la vente du fonds dotal, que comme une nullité relative, soit que ce soit le mari ou que ce soit la femme qui ait fait l'aliénation. Toutefois, il nous paraît difficile de ne voir dans l'aliénation faite par le mari, qu'une aliénation simplement annulable ; le mari, en effet, n'est pas propriétaire, et dès lors l'aliénation qu'il a faite, doit être en déduction des principes radicalement nulle ; aussi est-ce par une action en revendication, que la femme devrait, selon nous, agir dans ce cas. L'aliénation étant ici infectée d'une nullité absolue ; nous ne pensons donc pas qu'elle puisse être cautionnée. — Lorsque l'aliénation est faite par la femme, la question est plus délicate; ici, en effet, l'aliénation émane du propriétaire, et c'est par une action en nullité que la femme agira pour faire résoudre l'aliénation. Mais sur quoi se fonde cette nullité? Quel est, en un mot, le caractère de l'exception qui compète à la femme? Cette exception ne se peut fonder sur l'incapacité de la femme, car si nous supposons la femme mariée *autorisée* de son mari, son incapacité disparaît, la vente est affectée d'un vice inhérent à la chose même ; c'est la qualité de bien dotal que la femme invoquera pour faire résoudre son aliénation ; c'est donc là, non une exception personnelle à la femme, mais une exception réelle, inhérente à la chose, et que la caution pourrait invoquer. Le cautionnement ne pourrait, en conséquence, même dans ce cas, valider la vente du fonds dotal.

§ 2. — *De l'étendue du cautionnement.*

Le cautionnement n'étant qu'un contrat accessoire, il suit que la caution ne peut pas s'engager à fournir une chose autre que celle qui fait l'objet de l'obligation principale : si donc le débiteur doit 2,000 fr. et qu'une caution promette cent mesures de blé, ce cautionnement serait nul. Si, à l'inverse, un débiteur devait cent mesures de blé, et que Primus le cautionnât pour 2,000 fr. Pothier pense que le cautionnement serait valable dans ce cas, parce que l'argent est l'estimation commune de toutes choses : si l'on admet cette idée, nous pensons qu'il faudrait qu'il fût bien établi par le contrat que les 2,000 fr. sont stipulés pour tenir lieu du blé qui fait l'objet de la dette principale ; et dans ce cas, si le prix du blé venait à baisser, l'étendue du cautionnement diminuerait à proportion, sans qu'il soit possible, au cas contraire où le prix du blé augmenterait, d'étendre le cautionnement, car la caution n'a entendu s'engager que jusqu'à la valeur de 2,000 fr.

Si la caution ne peut s'engager à fournir autre chose que ce qu'a promis le débiteur, à plus forte raison son obligation ne peut-elle pas être plus étendue que l'obligation principale. Le *plus* s'estime non-seulement *quantitate*, mais aussi *die, loco, conditione, modo*.

Quantitate : la caution ne pourrait promettre 1,500 lorsque le débiteur ne doit que 1,000. — *Die* : la caution doit jouir du délai accordé au débiteur, et ne peut s'engager à payer présentement ce qu'il doit à terme. — *Loco* : elle ne peut s'obliger à payer dans un lieu plus commode au créancier et plus désavantageux pour elle que celui ou le débiteur doit payer. — *Conditione* : si le débiteur s'est engagé sous condition, elle ne peut promettre purement ou à terme. — *Modo* : il y aurait excès de cette nature si, par exemple, la caution promettait sous une alternative au choix du créancier deux choses que le débiteur doit sous une alternative à son propre choix.

Le fidéjusseur ne peut donc s'obliger à des conditions plus dures que celles auxquelles le débiteur principal est soumis. Ceci, toutefois, doit s'entendre par rapport à ce qui fait l'objet du contrat, de l'obligation ; quant à la qualité du lien, ce lien peut être plus étroit pour la caution que pour le débiteur. Nous avons vu déjà plusieurs applications de cette idée : c'est ainsi que la caution qui accède à une obligation naturelle, est plus étroitement liée que le débiteur, puisqu'elle est contrainte à payer, au lieu que le débiteur jouit d'une exception qui le protége contre les poursuites du créancier ; — c'est ainsi que la caution d'un mineur est souvent plus étroitement obligée que lui, puisqu'il peut, s'il a été lésé, obtenir une restitution, avantage que la caution ne peut espérer.

L'obligation accessoire ne peut être plus étendue que l'obligation principale ; mais rien ne s'oppose à ce qu'elle soit plus restreinte. On peut cautionner une partie seulement d'une dette, promettre à terme ou sous condition ce qui a été promis purement et simplement, convenir de payer dans un lieu plus avantageux ou plus commode pour la caution que celui où doit payer le débiteur, promettre sous une alternative ce que le débiteur doit conjointement, etc.

Lorsque le cautionnement est limité, on ne peut l'étendre au-delà de ses termes ; s'il a été parlé dans le contrat seulement du capital, la caution ne répond pas du payement des intérêts ; sans doute le cautionnement est un contrat consensuel qui n'est soumis à aucune condition de formes, mais encore faut-il que la volonté des parties soit exprimée ; elle ne résulterait pas suffisamment des circonstances quelque puissantes qu'elles soient ; le cautionnement est, au moins dans certaines limites, un acte de bienfaisance, et les libéralités ne se présument pas. C'est ainsi que nous déciderions que la volonté de cautionner ne pourrait s'induire de la simple *recommandation*, c'est-à-dire du fait d'avoir engagé quelqu'un à prêter à une personne que l'on aurait présentée comme solvable. De même, si le cautionnement est donné pour garantir un tel, il ne s'ensuit pas qu'il soit donné pour garantir tel autre qui est son cointéressé dans l'affaire. Toutefois, il faut entendre cette dernière proposition avec un tempérament ; le cautionnement, en effet, ne périt pas de plein droit avec le débiteur en faveur de qui on l'a donné ; sa durée est subordonnée à celle de l'obligation principale, et si cette obligation est de celles qui se transmettent aux héritiers, à la mort du débiteur cautionné, ses héritiers supportant l'obligation contractée par lui continueront à être cautionnés par la caution originaire.

Si le cautionnement est fait sans limite, purement et simplement, ce qui aurait lieu, par exemple ; si la caution déclarait *cautionner la dette*, cette caution serait réputée vouloir garantir l'exécution de la dette telle qu'elle est, prise avec ses modalités, ses conditions, ses accessoires, ses suites directes, et répondrait en conséquence du payement tant des intérêts que du capital, même des dommages-intérêts résultant du défaut d'exécution, et des frais que le créancier serait obligé de faire pour arriver au payement, pourvu que le créancier lui ait dénoncé la demande. C'est là le cautionnement *indéfini* dont nous parle l'art. 2016, cautionnement qui s'étend à tout ce qui est commerce, accessoire à l'obligation principale, en dépendant d'une manière directe, mais non aux moyens de contrainte attachés à cet engagement : celui qui cautionne une personne soumise à la contrainte par corps, ne serait donc pas par l'effet de son cautionnement soumis de plein droit à cette contrainte.

Les engagements des cautions passent à leurs héritiers : c'est là une règle de droit commun et qu'il paraissait dès lors inutile de consacrer. Cependant, l'art. 2017 ne l'a pas fait sans raisons : d'un côté, le droit romain primitif ne faisait pas passer aux héritiers les engagements des *sponseres* et des *fidepromissores*, et ce ne fut que plus tard que fut imaginée la fidéjussion, à laquelle on donna cette étendue ; — d'un autre côté, d'anciennes coutumes avaient considéré l'engagement du fidéjusseur comme non transmissible, et c'est pour consacrer le dernier état du droit romain et la jurisprudence du parlement, que la disposition de l'art. 2017 a été portée. — Toutefois, comme les peines ne se transmettent pas, et que la contrainte par corps a un caractère afflictif, les héritiers de la caution ne succèdent pas à cette obligation si leur auteur en était tenu.

L'obligation accessoire de la caution peut être considérée à son tour comme obligation principale vis-à-vis d'une personne qui en garantit l'exécution : la caution de la caution prend le nom de *certificateur de caution*.

Enfin, on peut se rendre caution, non-seulement d'une obligation déjà née, mais même d'une obligation qui doit se contracter, mais ne l'est pas encore ; seulement, dans ce cas, l'obligation de la caution ne commence à exister que du jour où l'obligation principale aura pris naissance.

§ 3. — *Des qualités requises dans la caution.*

Lorsqu'un cautionnement vient adhérer à une obligation principale, c'est généralement que le créancier l'a stipulé de son débiteur, ou que ce débiteur est obligé à présenter une caution, en vertu d'un jugement ou d'un article de loi. Cette obligation de fournir caution est parfois difficile à remplir, par suite des conditions que doit réunir la caution ; ces conditions, réglées par la loi lorsque les parties n'ont pas elles-mêmes déterminé les conditions de la caution dans leurs conventions, sont de trois ordres : 1° capacité, 2° solvabilité, 3° domicile. — De plus, la caution judiciaire doit être susceptible de contrainte par corps (art. 2040).

1° *Capacité.* — Avant toute chose, la caution doit être capable de contracter : les mineurs, les interdits, les femmes mariées non autorisées ne pourront donc se porter caution. Les femmes majeures non mariées et les femmes mariées autorisées de leurs maris, peuvent aujourd'hui se porter caution des obligations d'autrui ; le Code n'a pas reproduit la disposition du sénatus-consulte Velléien, qui défendait aux femmes d'intercéder pour autrui. Un mineur émancipé, ou un mineur commerçant ne s'obligerait pas valablement comme caution : au premier, l'émancipation n'a donné que le pouvoir d'administrer ses biens ; au second, la qualité de commerçant ne lui confère que le pouvoir de faire des actes relatifs à son commerce, car ce n'est que pour ces actes qu'il est réputé majeur.

2° *Solvabilité*. — La solvabilité d'une caution ne s'estime que eu égard à ses propriétés foncières (2019), il faut donc que la caution ait un bien immeuble suffisant pour répondre de l'exécution de l'obligation ; encore n'est-il pas indifférent de savoir dans quelles limites la caution est propriétaire de ces immeubles. On n'a point égard, en effet, aux immeubles litigieux ou menacés de procès, car il ne faut pas que la sûreté offerte soit soumise aux lenteurs et aux incertitudes d'un procès; ni aux immeubles hypothéqués pour des valeurs considérables, ou sur lesquels la caution n'a qu'un droit de propriété résoluble ou menacé d'éviction ; ni aux immeubles dont la discussion pourrait être difficile ou embarrassée. La difficulté de cette discussion peut résulter de l'éloignement de l'immeuble, les tribunaux seront juges de la question de savoir si l'éloignement créera une difficulté de discussion suffisante ; mais nous ne pensons pas que tout immeuble situé hors du ressort de la cour d'appel où la caution est reçue, dût être rejeté *à priori*, comme présentant de trop grandes difficultés de discussion. — Les meubles ne sont pas pris en considération pour apprécier la solvabilité de la caution, la grande facilité avec laquelle la caution peut les aliéner pour en dissiper le prix, rendrait cette sûreté peu solide. A cette règle, deux exceptions : 1° en matière commerciale, comme la fortune des commerçants est ordinairement mobilière, et que, du reste, leur crédit se mesure sur l'étendue de cette fortune mobilière, on estime la solvabilité de la caution commerçante sur l'étendue et la réalité de sa fortune mobilière ; 2° même en matières non commerciales, lorsque la dette est modique, comme il serait trop dur d'exiger une caution possédant des immeubles, que cette exigence n'aboutirait qu'à entraver les transactions, on admettra une caution présentant une fortune mobilière suffisante pour garantir l'efficacité du recours du créancier (2019).

Lorsque le débiteur qui était tenu de fournir une caution, en a présenté une qui réunissait, au moment du contrat, toutes les conditions de solvabilité exigées par la loi, il semble que son obligation soit, sur ce point, définitivement remplie, et que les événements ultérieurs qui modifieront cette solvabilité ne doivent plus le concerner. Il n'en est pourtant pas ainsi : aux termes de l'art. 2020, si cette caution devient insolvable dans la suite, le débiteur doit en fournir une autre ; la raison en est que, si le créancier a consenti à contracter avec le débiteur, c'est qu'il a pensé qu'il serait à l'abri de toute éventualité au moyen d'une caution, et que, dès lors, il a dû compter sur une garantie réelle et effective jusqu'à l'exécution de l'engagement. Ceci n'aurait lieu, toutefois, qu'autant que le débiteur serait tenu de fournir caution ; s'il avait fourni une caution spontanément, il ne serait pas obligé d'en garantir la solvabilité future. Dans tous les cas, lorsque le créancier a désigné lui-même la personne qu'il veut pour caution, le débiteur n'est point garant de sa solvabilité.

3° *Domicile*. — La caution doit enfin être domiciliée dans le ressort de la Cour d'appel où elle doit être donné. On ne conçoit pas le grand avantage que présenterait une caution qu'on serait obligé de poursuivre au loin; cette discussion serait, dans ce cas, presque toujours plus ruineuse qu'utile. Mais, où doit être fournie la caution, au cas où la volonté des parties ne s'est pas manifestée sur ce point, est-ce au domicile du débiteur ou au domicile du créancier ? Nous pensons qu'elle doit l'être au domicile du créancier. Si la caution vient à changer de domicile, le créancier pourrait la forcer à le reprendre, ou à en élire un autre dans le ressort de la Cour d'appel qu'elle a quitté.

Toutes les règles que nous venons d'exposer sont communes aux diverses sortes de cautions; mais il est des règles qui sont particulières, soit aux cautions conventionnelles, soit aux cautions légales, soit aux cautions judiciaires Cette observation nous amène à distinguer les différentes espèces de cautions.

CHAPITRE II.

DES DIVERSES ESPÈCES DE CAUTIONS.
(Art. 2040-2043.)

Le cautionnement est conventionnel, judiciaire, ou légal, selon qu'il est fourni en vertu d'une convention, d'une condamnation, ou d'une disposition législative.

Le cautionnement conventionnel est réglé par ce principe, que les conventions tiennent lieu de lois entre les parties qui les ont légalement faites; dans le silence des contractants, la loi détermine les conséquences du contrat qu'ils ont fait; c'est à eux, s'ils veulent déroger aux conséquences légales, dans les limites où cela leur est permis, à le spécifier dans leurs conventions.

Nous trouvons dans notre législation bien des cas de cautionnement légal. Les cautions légales les plus remarquables, sont la caution *judicatum solvi*, que doit fournir l'étranger demandeur, dans les matières autre que celles de commerce (art. 16); la caution que l'usufruitier est tenu de fournir (art. 601); celle qui doit accompagner l'envoi en possession provisoire des biens d'un absent (art. 120, 123); celle que doivent fournir ceux qui ont apposé leur signature sur une lettre de change ou un billet à ordre, dans le cas de faillite du souscripteur du billet ou de l'accepteur de la lettre (art. 444, C. de com.); la caution donnée en cas de surenchère (art. 2185), etc.

Il y a lieu à caution judiciaire lors, par exemple, que les juges rendant un jugement par provision, ordonnent que l'une des parties touchera la somme, objet du litige, en donnant caution de la rapporter si le jugement définitif l'exige. Il faut remonter au principe de l'obligation, et ne pas s'en tenir à la manière dont l'engagement est constaté, pour savoir si une caution est judiciaire; ainsi, un cautionnement conventionnel ne devient pas judiciaire parce que, sur la contestation des parties, son existence est constatée en justice, l'usufruitier qui refuse de fournir caution lorsque la loi le lui ordonne, ne transforme pas par sa résistance la caution légale qu'il devait donner en une caution judiciaire, parce que le tribunal constatant la loi le condamne à en fournir une. Le tribunal, dans ces divers cas, ne fait que reconnaître l'existence d'un fait : qu'il y a caution conventionnelle dans le premier cas, caution légale dans le second.

Il est important de distinguer le caractère d'une caution. — La caution judiciaire est, en effet, soumise à des conditions plus rigoureuses que les cautions conventionnelles ou légales; c'est ainsi que cette caution doit être susceptible de contrainte par corps, à la différence de ces dernières qui ne peuvent s'y soumettre qu'autant que le débiteur y est lui-même soumis (2040). La caution judiciaire est privée du bénéfice de discussion dont jouissent les cautions légales ou conventionnelles (2042); bien plus, le certificateur pur et simple d'une caution judiciaire ne peut demander la discussion du principal débiteur ni même de la caution (2043). Il est utile, on le conçoit, dans un intérêt d'ordre public, que les cautions judiciaires soient fortement tenues, tout ce qui émane de la justice devant être fort et solide.—D'un autre côté, quand on s'est engagé *par convention* à donner une caution, il faut que l'obligation soit remplie : *Aliud pro alio invito creditore solvi non potest ;* au contraire, si l'obligation de donner caution procède de la justice ou de la loi, plus de latitude sera laissée pour l'exécution à l'obligé qui pourra, s'il ne trouve une caution, offrir à la place un gage ou un nantissement. Les cautions judiciaires, et surtout les cautions légales sont déjà si rigoureusement tenues, que le débiteur eût été souvent dans l'impossibilité d'en trouver une ; du reste, le but de la loi ou de la justice est rempli dès l'instant qu'une garantie suffisante protège les intérêts du créancier.

CHAPITRE III.

DE L'EFFET DU CAUTIONNEMENT.
(2021-2023.)

SECTION Ire.

De l'effet du cautionnement entre le créancier et la caution (*Bénéfice de discussion. — Bénéfice de division*).

La caution est tenue, par l'effet du cautionnement, de satisfaire le créancier si le débiteur principal ne le satisfait lui-même; il semble donc qu'elle ne soit tenue que d'une manière conditionnelle, et que ce ne sera qu'autant que le créancier aura, par des poursuites dirigées contre son débiteur, établi que celui-ci ne peut le payer, qu'il pourra se retourner contre la caution.

Il résulte pourtant des termes de la loi qu'une poursuite dirigée tout d'abord contre la caution est régulièrement intentée; tout ce qu'elle peut faire c'est d'invoquer un bénéfice, une faveur que la loi lui accorde. En usant de ce bénéfice elle détournera les poursuites dirigées contre elles, et les fera porter sur les biens du débiteur principal.

C'est là le bénéfice *de discussion*, introduit dans la législation romaine par Justinien, dans sa Novelle IV, maintenu par l'ancienne jurisprudence française, et consacré enfin par la législation actuelle. Cette exception a été introduite parce qu'elle est conforme à la nature du cautionnement, qui n'oblige définitivement la caution *qu'à défaut du débiteur*; et que, d'un autre côté, il est juste que l'on vienne au secours de ceux qui se sont obligés par un sentiment de bienfaisance.

Toutes les cautions ne jouissent pas de ce bénéfice; nous avons déjà vu que la loi le refuse aux cautions judiciaires. Nous dirons encore que cette exception n'est pas admise entre commerçants dans les matières commerciales, où elle n'y serait qu'une entrave à la célérité souvent nécessaire pour la réussite des opérations; et qu'elle ne l'est pas davantage si le débiteur est notoirement insolvable. — Enfin la caution ne peut opposer le bénéfice d'ordre ou de discussion quand elle y a renoncé ou qu'elle s'est engagée solidairement. Sa renonciation peut être expresse ou tacite. Elle est expresse si la caution y a formellement renoncé, soit dans le contrat de cautionnement, soit dans un acte postérieur. Lorsque le fidéjusseur s'oblige solidairement, il renonce virtuellement au bénéfice de discussion; dans ce cas, le créancier peut s'adresser indifféremment à la caution ou au débiteur, sans craindre de voir ses poursuites repoussées. Dans les rapports entre le débiteur et la caution, il faut distinguer si l'on s'est servi dans le contrat des expressions *caution solidaire*, ou des termes *codébiteur solidaire*. En effet, dans le premier cas la qualification de *caution* fait présumer que la dette a été contractée dans l'intérêt exclusif de celui que l'acte désigne comme débiteur ; dans le second cas, au contraire, il y a présomption que la dette a été contractée dans l'intérêt du débiteur et du codébiteur, et ce serait à celui qui se prétend seulement caution, de prouver sa prétention.

L'exercice du bénéfice d'ordre ou de discussion est soumis à certaines conditions :

1° La caution doit proposer son exception sur les premières poursuites, *in limine litis*. — Elle doit la proposer : cette exception n'est donc pas de celles que le juge peut suppléer. Le créancier a une action directe contre la caution, et ce n'est que par l'effet d'un privilége dont la caution est maîtresse qu'elle peut le renvoyer à discuter les biens du débiteur. Cette exception doit en outre, être proposée sur les premières poursuites ; il ne faut pas que la caution, après avoir retardé le payement par sa résistance, puisse rendre à son gré inutile toute la procédure, en usant d'un bénéfice qui forcerait le créancier à tout recommencer à nouveau contre le débiteur principal. Si donc, par exemple, la caution a laissé à la procédure suivre son cours en instance, elle ne pourrait pas, en appel, exciper pour la première fois du bénéfice de discussion ; de même, si elle a laissé prononcer la validité d'une saisie-arrêt faite sur elle, si au lieu d'opposer son exception elle soutient que le créancier demande plus qu'il ne lui est dû, elle serait réputée renoncer à son bénéfice. Mais faut-il dire que la discussion doit être requise dès le premier acte de poursuite, à peine de déchéance ? que s'il y a eu un commandement, une saisie mobilière non suivie de vente, ou une saisie immobilière non suivie de notification, la caution n'est plus recevable à demander la discussion ? Nous ne pensons pas que la loi soit aussi rigoureuse : la caution peut être absente ou empêchée lors de ces premiers actes, qui n'ont pas, du reste, un caractère de notoriété suffisant pour qu'ils puissent à eux seuls créer une déchéance contre la caution. Nous croyons donc qu'il faut des actes d'où il résulte, chez la caution, au moins une présomption de son intention de renoncer à son bénéfice ; que, par exemple, elle ait laissé poursuivre la vente des meubles, ou reçu la notification de la saisie immobilière, ou bien encore qu'elle ait discuté les prétentions du créancier. Bien entendu, on ne verrait pas une renonciation dans le fait, de la part de la caution, de nier sa qualité de caution ou l'existence de la dette principale ; avant qu'il y ait un cautionnement, il faut qu'il existe une dette principale, et il ne peut être question de bénéfice de discussion où il n'y a pas de cautionnement. Lors même que l'existence d'une dette est reconnue, ne faut-il pas, avant de parler de bénéfice de discussion particulier à la caution, savoir s'il existe une caution?

2° La caution doit indiquer au créancier les biens à discuter. On conçoit que le créancier peut très-bien ne pas connaître les propriétés du débiteur ; c'est à la caution de les lui indiquer. Il est clair, du reste, que la caution ne rendra l'utilité du cautionnement vraisemblable qu'autant qu'elle démontrera qu'il existe en réalité dans les mains du débiteur des biens libres suffisants pour désintéresser le créancier en tout ou en partie.

3° Cette indication ne doit porter que sur des biens d'une discussion facile. Justinien, dans sa Novelle IV, avait déjà exigé une condition de ce genre : le fidéjusseur ne pouvait opposer le bénéfice de discussion lorsque le débiteur était absent, à cause des ambages de la procédure qu'il fallait suivre à Rome dans ce cas. Cette condition a été abrogée depuis longtemps ; mais d'autres sont venus limiter l'exercice du bénéfice. La discussion ne devant pas être préjudiciable au créancier, ne devait être ni trop longue, ni trop difficile ; c'est pourquoi la caution ne pourrait pas désigner aux poursuites du créancier :

1° Les biens situés hors du ressort de la Cour impériale du lieu où le payement doit être effectué ;

2° Les biens litigieux : on ne pouvait forcer le créancier à suivre les phases longues et chanceuses d'un procès ;

3° Les biens hypothéqués à la dette, aliénés par le débiteur et possédés par un autre.

4° La caution doit faire l'avance des frais nécessaires à la discussion. C'est la caution qui retire un avantage du bénéfice de discussion ; c'est en sa faveur et non dans celle du créancier qu'elle est introduite ; mais cette faveur accordée à la caution ne doit pas devenir préjudiciable pour le créancier, et elle aurait pu le devenir s'il avait été obligé d'avancer des fonds dont le remboursement ne lui est pas assuré : cette obligation d'avancer les frais empêchera d'un autre côté le fidéjusseur d'opposer son exception d'une manière hasardée.

C'est à la caution d'avancer les frais de la discussion ; mais c'est au créancier à faire les poursuites. Si le créancier est diligent et que le débiteur se trouve insolvable, la caution est garant de cette insolvabilité, et le créancier qui n'a pu obtenir son payement du débiteur se retournera contre elle : mais si le créancier a tardé à faire les poursuites, et si c'est par suite du retard qu'il a mis, que ses poursuites n'ont rencontré qu'un débiteur insolvable, la caution n'est point garant de cette insolvabilité, et le créancier supportera les conséquences d'une négligence coupable. Telle est la distinction que fait le Code, et par laquelle il repousse la doctrine de Pothier, qui pensait que dans tous les cas le créancier pouvait revenir contre la caution (2024).

Bénéfice de division. — Plusieurs débiteurs principaux, qui promettent conjointement, s'obligent chacun pour leur part et portion, si la solidarité n'a point été exprimée dans le contrat. Mais il n'en est pas ainsi lorsque plusieurs personnes cautionnent conjointement un débiteur; chacune d'elles est dans ce cas tenue *in solidum*. La loi a pensé, avec raison, qu'un créancier qui demande plusieurs cautions n'a pas eu pour but de diviser la sûreté résultant pour lui du cautionnement, mais a plutôt entendu acquérir le plus de garanties possible. — Toutefois, les cofidéjusseurs, quoique tenus *in solidum*, ne sont pas des codébiteurs solidaires proprement dits : ainsi la poursuite dirigée contre l'un d'eux n'interrompt pas la prescription à l'égard des autres; si la chose due périt par la faute de l'un d'eux, ceux qui ne sont pas en faute seront libérés : aussi la loi accorde-t-elle aux cofidéjusseurs un bénéfice de discussion dont les codébiteurs solidaires ne jouissent pas : de plus chaque codébiteur solidaire peut être actionné pour le tout, et forcé de payer le tout; chaque cofidéjusseur au contraire, quoique tenu *in solidum*, peut exiger que le créancier divise préalablement son action entre les diverses cautions, et la réduise contre lui à sa propre part (2025, 2026).

C'est là le *bénéfice de division*, qui fut introduit dans la fidéjussion par l'empereur Adrien. Une loi Furia avait déjà établi un bénéfice de division en faveur des sponsores et des fidépromissores, et lorsque la fidéjussion fut créée, la disposition de la loi Furia ne lui fut pas étendue. Ce fut, nous l'avons dit, l'empereur Adrien qui créa une exception de division pour les fidéjusseurs; mais ce bénéfice différait par sa nature même de celui que la loi Furia avait accordé aux sponsores et aux fidepromissores : tandis que celui de la loi Furia avait lieu de plein droit, celui d'Adrien ne constituait qu'une exception entre les mains des fidéjusseurs; la division, dans le premier, se faisait entre tous les fidepromissores vivants au moment de l'exigibilité, et, dans le second, elle ne se faisait qu'entre les fidéjusseurs solvables au moment de la *litis contestatio*. C'est le bénéfice de division introduit par Adrien que notre Code a reproduit.

Ce bénéfice doit être demandé par la caution si elle veut en profiter, et le créancier profitera de tous les cas où elle ne l'aura pas requis. C'est le lieu de distinguer la nature de l'exception de division, pour savoir à quel moment la caution doit l'opposer ; à la différence de l'exception de discussion, qui est simplement une exception *dilatoire*, l'exception de division est au contraire *péremptoire* quand au fond ; elle réduit la demande du créancier à la part du fidéjusseur et l'exclut pour le surplus : c'est un moyen libératoire, on peut donc l'invoquer en tout état de cause, même en appel.

Il semble que par l'effet de ce bénéfice, de cette faveur, l'obligation *in solidum* soit détruite ; il n'en est rien : la rigueur de cette obligation a été adoucie en considération de la position digne de faveur d'une caution ; mais l'obligation n'a pas été détruite. Outre ce que nous avons dit, que cette faveur doit être demandée, observons qu'elle n'est pas accordée sans conditions et dans tous les cas où il plaît aux fidéjusseurs de la demander. C'est ainsi que la division ne peut avoir lieu.

1° Entre la caution et son certificateur : la division ne doit se faire *qu'entre cautions*, et ici la caution est vis-à-vis de son certificateur un débiteur principal.

2° Entre les cautions particulières de plusieurs débiteurs solidaires ; la division ne s'opère qu'entre la caution *d'un même débiteur* ; or, dans ce cas, si les cautions ont cautionné la même dette, elles n'ont pas pour cela cautionné le même débiteur.

3° Entre les cautions solvables et celles qui ne le sont pas. Les cautions solvables sont donc tenues proportionnellement de la part de celles qui ne le sont pas ; c'est-là une différence saillante entre les fidéjusseurs et les codébiteurs non solidaires. Sur trois fidéjusseurs deux seulement sont-ils solvables ? Chacun d'eux pourra demander à n'être poursuivi que pour moitié. Si une seule des cautions est solvable, il n'y a pas de division possible, et le principe que chaque caution est tenue pour le tout reçoit alors sa rigoureuse application. Le cas où il se trouve des incapables parmi les cautions présente de l'analogie avec celui où il se trouve des insolvables : lorsque je me suis obligé comme caution pour quelqu'un, avec une personne incapable de contracter, je ne puis éviter de payer le total de la dette comme si j'étais seul fidéjusseur ; la personne qui s'est rendue caution avec moi ne devant pas être considérée.

A quel moment faut-il se placer pour établir quelles sont les cautions solvables? Il semble résulter de l'art. 2026 que ce soit l'époque où la division *a été prononcée*; mais nous pensons qu'il ne faut pas s'en tenir rigoureusement à ce texte; il ne faut pas faire souffrir la caution du temps écoulé entre la demande et le jugement, retard nécessaire qu'il n'était pas en son pouvoir d'empêcher ni d'abréger; du reste, tout jugement n'est-il pas censé rétroagir au jour de la demande? A partir donc de la demande, le créancier répondra des insolvabilités qui pourront survenir postérieurement. — Au reste, le créancier qui a lui-même et volontairement divisé son action est censé avoir voulu faire à la caution remise du droit qu'il avait de la poursuivre pour le tout: et quand même il y aurait des insolvabilités au moment où il intente son action, il ne pourrait plus revenir sur la division qu'il a consentie ; il est censé renoncer, par son fait volontaire, au droit d'exiger des cautions solvables la part de celles qui ne le sont pas (2027). — A l'inverse, la caution qui a payé toute la dette ne peut exercer aucune répétition contre le créancier, elle n'a, en effet, payé que ce qu'elle devait, car tant que la division n'est pas accordée, elle est tenue pour le tout.

Il pourrait se faire que, parmi les cautions, l'une jouisse d'un terme non encore échu, ou ne soit obligée que sous une condition suspensive non encore réalisée au moment où la division est prononcée; elle sera comptée dans la division de l'action, mais le créancier pourra revenir contre la caution qui aura obtenu la division, si, à l'échéance du terme ou à la réalisation de la condition, la caution obligée sous ces modalités se trouve insolvable, ou si, la condition venant à manquer, l'engagement de cette caution vient à défaillir.

Certaines cautions ne jouissent pas du bénéfice de division, ce sont : 1° celles qui y ont renoncé, soit dans l'acte de cautionnement, soit dans un acte postérieur; le bénéfice de division est une faveur créée pour la caution, celle-ci peut donc à son gré la refuser; 2° celles qui se sont engagées *solidairement avec le débiteur;* il y a, en effet, dans cet engagement une renonciation tacite au bénéfice accordé par la loi. Si les cautions avaient déclaré simplement s'engager *solidairement*, en sorte que la solidarité promise le fût, non pas avec le débiteur principal, mais entre tous les fidéjusseurs, verrait-on là encore une renonciation tacite au bénéfice de division? Nous le pensons; à quoi servirait, en effet, cette déclaration si elle n'était faite que pour reproduire une obligation de droit écrite dans l'article 2025, sauf à user, s'il plaît aux cautions, du bénéfice de division? Ne doit-on pas entendre une clause dans un sens où elle peut produire quelque effet, plutôt que dans un sens où elle ne peut en produire aucun (1157)? N'est-il pas plus logique de dire que la solidarité ici promise est celle de l'article 1203, et non celle de l'art. 2025, qui existe de plein droit? Si cette solidarité a été stipulée, c'est que l'on a voulu rentrer dans la solidarité ordinaire, c'est qu'on a voulu rendre à la solidarité imparfaite de l'art. 2025 un élément qui lui manquait pour être efficace au gré du créancier.

Lorsque la division est prononcée, elle profite uniquement à la caution qui l'a demandée; à l'égard des autres c'est *res inter alios acta*; chacune d'elles est tenue pour le tout, sous la déduction de la part de la caution qui a obtenu la division; libre à elles, du reste, de demander à leur tour la division lorsqu'elles seront poursuivies par le créancier.

SECTION II.

De l'effet du cautionnement entre le débiteur et la caution (bénéfice de subrogation).

La caution qui paye le créancier et libère ainsi le débiteur de ses obligations, entend rendre un service à ce dernier; mais son intention n'est pas de lui faire une donation, et le débiteur s'enrichirait aux dépens d'autrui si la caution n'avait pas un recours contre lui. Nous verrons plus loin en quelles qualités et par quelles actions le fidéjusseur peut exercer ce recours.

La caution ne peut recourir qu'autant qu'elle a payé valablement. Le mot *payement* est ici pris dans un sens large, et comprend des modes d'extinction qui ne sont pas des payements proprement dits. C'est ainsi qu'il y a payement si la caution a compensé ce qu'elle devait en sa qualité au créancier avec ce qui lui était dû par lui, si elle a éteint l'obligation au moyen d'une novation, etc.

Le payement fait doit être prouvé au débiteur; c'est ce payement qui est le fondement de l'action *mandati* qui s'exerce contre lui; cette preuve s'établira par les moyens ordinaires. — Il faut de plus que le payement ait été bien fait, c'est-à-dire que la caution n'a dû payer qu'autant qu'il n'existait pas d'exception à opposer au créancier; si donc elle avait négligé de se prévaloir des fins de non recevoir existantes, elle serait coupable, et le payement qu'elle aurait fait serait mal fait. Pour que le payement fait par la caution donne lieu à un recours contre le débiteur principal, nous dirons donc qu'il faut :

1° Que la caution n'ait pas, par sa faute, négligé des fins de non recevoir qu'elle eût pu opposer au créancier. Il faut toutefois établir sur ce point certaines distinctions. Si la caution a payé parce qu'elle était poursuivie en justice par le créancier qui menaçait de saisir ses biens, et dans l'ignorance que le débiteur avait quelque exception péremptoire à faire valoir, elle aura son recours contre le débiteur ; c'était à ce dernier à éclairer la caution sur les moyens de défense dont il avait seul connaissance et que le fidéjusseur ne pouvait deviner ; mais il en serait autrement si la caution payait spontanément et sans être poursuivie ; en effet, dans ce cas elle n'est pas menacée par des poursuites préjudiciables pour elle, si elle paye c'est qu'elle le veut bien et elle avait tout le temps de s'aboucher avec le débiteur principal pour s'informer de lui s'il n'avait pas quelque moyen de défense qui dispensât de payer ; si elle ne l'a pas fait elle est en faute et n'aura pas de recours contre le débiteur ; elle exercera seulement, à ses risques et périls, la répétition de l'indu, s'il y a lieu, contre le créancier (2031). En second lieu, il faut distinguer la nature des exceptions à opposer au créancier. La caution est coupable si elle néglige de se prévaloir d'exceptions que le débiteur pourrait opposer comme elle ; mais elle pourrait, sans perdre son recours, renoncer à certaines exceptions à elle personnelles, parce que sa conscience répugne à en profiter. C'est ainsi que la caution serait coupable de ne pas opposer une prescription acquise par le débiteur, au lieu qu'elle pourrait renoncer à une prescription provenant de son chef ; de même un fidéjusseur mineur qui pouvait se prévaloir de l'incapacité de son âge pourrait renoncer à ce moyen de se soustraire aux poursuites parce qu'il le croirait contraire à la bonne foi ; il serait au contraire obligé de tenir compte de l'exception résultant de l'incapacité du débiteur.

2° Que le payement ait été valable et ait libéré le débiteur ; il pourrait arriver que cela n'eût pas lieu dans le cas, par exemple, où la caution ne serait pas propriétaire de l'objet donné en payement, où serait incapable d'aliéner, et que le créancier ne fût pas protégé contre la revendication par la maxime : en fait de meubles, possession vaut titre (1238).

3° Que le débiteur principal n'ait pas payé une seconde fois par la faute de la caution (2031, 1er alinéa). Comme tout mandataire, la caution qui a exécuté son mandat doit en donner avis au mandant, et est responsable des suites du défaut d'avertissement ; le fidéjusseur qui a payé, a dû informer le débiteur que la créance était éteinte ; le débiteur qui, dans l'ignorance du payement, a payé une seconde fois, n'est redevable de rien à ce fidéjusseur ; reste à ce dernier une action en répétition contre le créancier qui s'est fait payer deux fois ; c'est au débiteur qu'appartient cette action, et elle passera au fidéjusseur par subrogation. Réciproquement, le débiteur principal qui a payé et qui a laissé la caution payer une seconde fois parce qu'il ne lui a pas donné avis du payement déjà effectué, devra indemniser la caution du préjudice qui lui a été causé. Mais ne suffit-il pas, dans ce cas, à la caution, de l'action en répétition qu'elle peut exercer contre le créancier ? Non, parce qu'elle a pu éprouver quelque préjudice par suite de ce payement, et qu'elle doit être indemnisée de toutes les suites de son cautionnement.

Le montant des réclamations qu'a droit de faire le fidéjusseur qui a payé, est détaillé par l'art. 2028. — Le cautionnement est un acte de bienfaisance de la part de la caution vis-à-vis du débiteur ; c'est donc un service rendu ; il n'y a pas eu là de spéculation légitimant la réalisation d'un gain ; si donc la caution ne doit rien perdre, elle ne doit du moins rien gagner. La caution peut réclamer du débiteur :

1° Le principal de la dette, et les intérêts si la dette était productive d'intérêts; c'est-à-dire tout ce qu'elle a payé à la décharge du débiteur. Tous ses déboursés produisent intérêt, de plein droit, du jour où elle les a faits (2001) ; ce n'est point là un gain fait par le fidéjusseur, c'est l'indemnité du préjudice que lui cause la privation de ses capitaux.

2° Les frais de l'assignation formée contre elle, dans tous les cas, et les frais qui ont suivi cette assignation, si elle a eu soin de la dénoncer au débiteur (2028, 2° alin.) ; cette restriction, pour les frais qui ont suivi l'assignation, est très-raisonnable, car le débiteur pouvait les éviter en payant immédiatement, et d'un autre côté, pour qu'il paye il fallait bien l'avertir qu'il y a urgence de payer.

3° Des dommages et intérêts si le cautionnement lui a fait éprouver des pertes par la faute du débiteur ; si, par exemple, elle a été en but aux poursuites de ses créanciers qui ont vendu ses biens, exercé contre elle la contrainte par corps, etc., parce que le débiteur a trop tardé à la rembourser de ses avances. Elle aurait droit à ces dommages-intérêts lors même qu'elle aurait cautionné une dette ayant pour objet une somme d'argent; la faveur que méritent les cautions, dont l'intervention est un élément de crédit, légitimait cette exception au principe de l'art. 1153 (2000, 2028. 3° alin.).

La caution peut agir contre le débiteur aussitôt qu'elle a payé. Toutefois, si la dette payée était à terme, elle ne pourrait agir que lorsque le terme serait échu ; elle n'a pas pu, par un payement anticipé, priver le débiteur du bénéfice du terme.

Nous avons parlé jusqu'ici du cas où il n'y a qu'un débiteur principal ; mais il peut se faire qu'il y ait plusieurs débiteurs solidaires, que la caution a tous cautionnés : l'art. 2030 étend à cette caution le bénéfice de la règle posée dans l'art. 2002, à savoir que lorsqu'un mandataire a été constitué par plusieurs personnes pour une affaire commune, chacune d'elles est tenue solidairement envers lui de tous les effets du mandat. La caution aura donc, dans ce cas, un recours contre chacun des débiteurs solidaires pour la répétition du total de ce qu'elle a payé. Si les débiteurs n'étaient pas solidaires, l'affaire ne serait pas commune dans le sens de l'art. 2002, et il y aurait autant de dettes distinctes que de débiteurs partiaires.

Le cautionnement fourni par une personne peut être le résultat de rapports divers entre elle et le débiteur qu'elle cautionne : c'est peut-être en exécution d'un mandat qu'elle a agi; ou bien elle a agi sans mandat et s'est portée simple *negotiorum gestor*, ou bien même c'est contre le gré du débiteur qu'elle a fourni le cautionnement. Les actions qui compètent à cette personne qui, dans tous les cas, a fait l'affaire d'autrui, varient comme ces rapports et avec eux. La caution est-elle mandataire du débiteur? c'est par une action de mandat qu'elle agira contre lui pour se faire rembourser si elle effectue le payement. Est-elle *negotiorum gestor?* elle agira par l'action de gestion d'affaires. A-t-elle enfin cautionné le débiteur contre son gré? elle n'aura contre lui qu'une action *de in rem verso*, à moins qu'il n'apparaisse clairement qu'elle ait eu l'intention de faire une libéralité au débiteur, auquel cas elle n'aurait point d'action.

Bénéfice de subrogation. — En outre de ces actions personnelles à la caution, celle-ci en a une autre, celle du créancier qu'elle a désintéressé, action qu'elle acquiert au moyen d'une subrogation qui s'opère aujourd'hui de plein droit.

L'utilité de cette cession des actions du créancier au profit du fidéjusseur s'était déjà fait sentir en droit romain. Le payement ayant pour résultat d'éteindre radicalement les obligations avec leurs accessoires, il n'était pas possible de concevoir que le fidéjusseur, tout en payant, conservât les droits réels attachés à la créance ; en sorte qu'il n'avait plus d'espérance, le payement effectué, que dans son action *mandati contraria* contre le débiteur, qui pouvait souvent être inefficace, parce que ce n'est là qu'une action personnelle. Les jurisconsultes romains se tirèrent d'affaire dans cette circonstance comme dans bien d'autres, au moyen d'un détour, d'une fiction : ils envisagèrent le payement effectué par le fidéjusseur, non comme un véritable payement, mais comme une sorte d'achat de la créance du créancier, avec tous ses avantages et ses accessoires. Par cette cession, il était investi du droit de faire valoir lui-même les droits réels et actions sur les biens du débiteur et contre les coobligés, comme l'aurait fait le créancier. Pour jouir de ces avantages, le fidéjusseur en devait faire la demande au créancier lors du payement ; si celui-ci refusait d'accéder à sa demande, le fidéjusseur l'y forçait par l'action *cedendarum actionum*. Ce bénéfice de *cession d'actions* fut introduit dans notre ancienne jurisprudence sous le nom de *bénéfice de subrogation*.

La position du fidéjusseur se trouvait déjà singulièrement améliorée par l'effet de cette subrogation ; mais ce n'était point assez encore, car s'il oubliait, s'il négligeait de requérir du créancier qu'il le subroge à ses droits, le payement qu'il faisait avait un plein et entier effet, éteignait la créance et ses accessoires. Des esprits éminents avaient tenté d'échapper à ce résultat, et Dumoulin aurait voulu que le fait seul du payement subrogeât *ipso jure* le fidéjusseur dans les droits du créancier. Les efforts de Dumoulin échouèrent contre la routine de l'ancien droit ; mais son idée a été consacrée par notre législation moderne. Notre loi suppose donc que la subrogation a été la condition tacite du payement, et dans tous les cas, cette subrogation s'opère de plein droit au profit de la caution (2029).

La subrogation peut être d'une grande utilité pour la caution, en ce que si la créance était garantie par des droits réels, gage, hypothèque, etc., ces garanties viendront aussi protéger le droit de la caution, au lieu que son action *mandati contraria* aurait pu à elle seule être insuffisante. Il peut pourtant se faire que la caution ait plus d'intérêt à agir par l'action *mandati* que par les actions qui appartiennent au créancier : soit, en effet, une dette non productive d'intérêts; si la caution agit par l'action qu'elle a de son chef, elle pourra réclamer les intérêts de ses déboursés du jour du payement (2001); si elle agit par l'action du créancier, les intérêts ne lui seront dus que du jour de la demande.

Si la caution a payé pour le débiteur principal, ce dernier doit l'indemniser, et nous avons vu l'étendue de cette indemnité; mais s'il est juste que le débiteur répare le dommage éprouvé, il est sage aussi de le prévenir. Lors donc que le fidéjusseur se trouvera dans quelqu'un de ces cas, prévus du reste par la loi, où il aurait la juste crainte d'éprouver un dommage, il pourra, sans attendre l'événement, contraindre le débiteur à faire cesser le péril. La loi a prévu cinq cas dans lesquels la caution peut agir même avant d'avoir payé. Ceci a lieu :

1° Lorsqu'elle est poursuivie en justice pour le payement. La caution pourra, dans ce cas, appeler le débiteur principal en cause, pour qu'il la défende contre le créancier, ou bien si elle est condamnée, pour faire statuer par le même jugement sur son recours contre lui. C'est là le parti le plus sage que pourra prendre la caution; de cette manière elle ne s'expose pas à perdre son recours, comme cela aurait lieu si elle n'avait pas appelé le débiteur en cause, et que celui-ci vînt à prouver, après le jugement de condamnation, qu'il avait à faire valoir des moyens de défense qui auraient évité la condamnation si la caution l'avait appelé en cause.

2° Lorsque le débiteur est en faillite ou en déconfiture, l'action de la caution tendra, dans ce cas, à la faire admettre au passif de la faillite, si le créancier ne s'y présente pas, sous la condition que la caution emploiera les fonds qu'elle obtiendra dans le dividende à désintéresser le créancier.

3° Lorsque le débiteur s'est obligé à rapporter à la caution sa décharge dans un temps déterminé. Le terme de l'obligation est arrivé ; elle a droit, dès ce moment, d'être dégagée de tous liens ; pour que cela soit, il faut que le créancier ne puisse rien lui demander. Le débiteur devra donc désintéresser le créancier, afin de dégager par suite la caution, ou tout au moins procurer à cette dernière une décharge de son cautionnement.

4° Lorsque la dette est devenue exigible par le terme fixe d'échéance sous lequel elle était contractée. La caution n'a, en effet, entendu garantir l'exécution de l'obligation que pour le temps fixé tout d'abord ; si ce terme est reculé, on ne peut pas la forcer à courir la chance des insolvabilités futures du débiteur.

5° Lorsque l'obligation principale, quoique n'ayant pas de terme fixe d'échéance, a cependant duré dix ans : une obligation peut se perpétuer très-longtemps, et il n'est pas naturel de supposer que la caution ait voulu rester engagée peut-être toute sa vie. Toutefois, si la dette est de telle nature qu'elle ne puisse pas s'éteindre avant un temps déterminé par sa nature, la caution ne peut demander sa décharge avant l'expiration de ce temps, quelque long qu'il soit : ainsi, la caution d'un tuteur ne peut demander sa décharge avant la fin de la tutelle ; celle d'un mari, pour la restitution de la dot, avant la dissolution du mariage : la caution se trouve ici dans une position qu'elle a connue et acceptée ; c'est là un terme auquel elle a tacitement adhéré. Mais une obligation, quoique illimitée, peut être de nature à pouvoir être éteinte ; telle est l'obligation de payer une rente perpétuelle. Les rentes perpétuelles étant rachetables, au moins après le laps de temps de trente ans ou de dix ans, suivant que la rente a été constituée moyennant l'aliénation d'un capital immobilier, ou moyennant celle d'un capital mobilier, le fidéjusseur de la rente pourra, au bout de ce temps, exiger que le débiteur principal le décharge de son cautionnement en remboursant la rente. Si la rente est une obligation de nature à durer perpétuellement, cela n'empêche pas qu'elle soit en même temps de nature à pouvoir toujours être remboursée. C'était là le sentiment de Pothier dans notre ancienne jurisprudence, et cette idée semble ressortir clairement des termes du 5° de notre art. 2032.

Hors des cinq cas prévus par la loi, dans l'art. 2032, la caution ne peut pas agir contre le débiteur avant d'avoir payé.

SECTION III.

De l'effet du cautionnement entre les cofidéjusseurs.
(Art. 2033.)

Lorsque plusieurs personnes ont cautionné un même débiteur pour une même dette, la caution qui a acquitté la dette a recours contre les autres cautions. Ce recours est fondé autant sur une subrogation de plein droit que sur une gestion d'affaires. Le fidéjusseur qui a payé est certainement subrogé de plein droit au créancier; ce n'est là qu'une application de l'art. 1251-3° consacrée par l'art. 2033; d'un autre côté, le fidéjusseur qui paye est aussi à coup sûr un *negotiorum gestor utilis*, et à ce titre, il aura une action à lui personnelle contre ses cofidéjusseurs.

Ce recours est subordonné à la condition que le fidéjusseur aura désintéressé le créancier, en ayant un juste sujet de le faire. Il ne suffirait donc pas d'un péril à redouter; ce recours dérive *du payement* qui a libéré les autres fidéjusseurs d'une dette qui leur était commune. Toutefois, nous n'irons pas jusqu'à dire que la caution poursuivie ne pourrait pas agir contre ses cofidéjusseurs ; les poursuites seront une cause de recours équivalents au payement ; c'est là une solution d'équité que Pothier avait reconnue et que nous croyons devoir admettre. — La caution, si elle a payé, a dû le faire avec juste motif, et ce juste motif n'existe, aux termes de l'art. 2033, qu'autant qu'elle a payé dans l'un des cas prévus par l'art. 2032.

La caution qui a ainsi payé a un recours contre tous ceux qui ont prêté leur cautionnement, peu importe qu'ils l'aient prêté avant ou après elle, séparément ou simultanément. Mais pour quelles parts, dans quelles proportions ce recours s'exerce-t-il ? La caution qui a payé ne peut agir contre les autres cautions que pour leur part et portion ; cette décision est rationnelle ; en effet, le fidéjusseur est-il considéré comme *negotiorum gestor utilis*? il n'a fait l'affaire des autres cautions que dans la limite de la part dont elles sont tenues, et dès-lors c'est pour cette part seulement qu'il pourra agir ; le considère-t-on comme subrogé aux droits du créancier ? aux termes de l'art. 1214, le codébiteur d'une dette solidaire qui l'a payée en entier, ne peut répéter contre les autres que les part et portion de chacun d'eux.

CHAPITRE IV.

DE L'EXTINCTION DU CAUTIONNEMENT.
(Art. 2034-2039.)

Le cautionnement peut s'éteindre, soit par les causes ordinaires d'extinction des obligations principales, soit par des causes qui lui sont propres et qui laissent subsister l'obligation principale. La caution peut opposer au créancier toutes les exceptions qui appartiennent au débiteur principal et qui sont inhérentes à la dette sans être purement personnelles au débiteur. Nous avons déjà rencontré cette distinction entre les exceptions *réelles* et *personnelles*; la caution ne peut pas opposer les secondes ; elle ne pourrait par exemple se prévaloir de l'état de minorité ou d'interdiction du débiteur (2036).

L'extinction de l'obligation principale entraîne celle du cautionnement; l'accessoire tombe avec le principal ; la caution se prévaudrait donc d'un payement effectué par le principal débiteur, de la remise faite à ce dernier, etc. — En principe, la remise de la dette au débiteur principal libère la caution ; toutefois, les remises concédées à un failli par un concordat, ne libèrent pas la caution. Ces remises sont faites non pour libérer le débiteur, mais parce que l'on est forcé de sacrifier une partie de la créance pour sauver le reste, et lorsqu'on a exigé une caution pour se garantir de l'insolvabilité possible du débiteur, cette insolvabilité ne peut être un titre de libération pour la caution. L'exception personnelle que cette remise fournit au failli, ne laisse pas moins subsister une obligation naturelle qui sert de base au cautionnement. On objecte vainement que par l'action *mandati* la caution, actionnée par les créanciers, aura le moyen de priver le débiteur du bénéfice du concordat, car la caution, étant elle-même créancière du débiteur failli, a été obligée de faire la même remise que les autres créanciers, puisqu'elle a subi la loi du concordat. Il en serait de même d'une cession de biens faite par le débiteur principal, elle ne suffirait pas pour libérer entièrement la caution ; celle-ci ne sera libérée que jusqu'à concurrence de la valeur des biens cédés.

Le payement est le mode ordinaire d'éteindre les obligations, ce mode peut être converti par une convention des parties, en une *dation en payement*. Cette dation ne produit l'extinction de l'obligation qu'autant qu'elle a eu pour effet de transférer la propriété de l'objet donné en payement, et l'obligation de garantie est là pour faire rentrer le débiteur dans les liens primitifs si le créancier est par la suite évincé; en conséquence, la caution qui s'est trouvée libérée par suite de la *datio in solutum*, devrait, cette *datio* ayant manqué son effet, rentrer aussi dans les liens du cautionnement. Mais ici, à cause de la faveur due au cautionnement, la loi a fait une exception aux principes : du moment de l'acceptation faite par le créancier de la dation, la caution a dû se croire libérée, et n'a pris aucune mesure pour se garantir des effets de l'insolvabilité du débiteur (2038) ; elle restera donc définitivement libérée par la *datio in solutum*, quel qu'ait été son effet.

La simple prorogation du terme ne décharge pas la caution ; sa position ne se trouve pas aggravée, elle profitera même de la prorogation du terme; seulement, comme elle peut craindre que pendant ce nouveau délai le débiteur ne devienne insolvable, et que le recours qu'elle aura à exercer contre lui ne devienne inefficace, elle pourra exiger, à l'échéance du terme originaire, que le débiteur lui procure sa libération, soit en désintéressant le créancier, soit en obtenant de lui une décharge du cautionnement. Bien entendu, ceci ne s'applique qu'au cas où la caution s'est obligée purement et simplement; si elle s'était obligée à terme, elle serait déchargée par l'échéance du terme qui a été mis à son obligation (2032).

La novation convenue avec le débiteur principal, peut avoir pour effet de libérer la caution ; ceci a lieu lorsque la caution s'est obligée à payer formellement ce qui est compris dans la première obligation, le changement postérieurement convenu la libérera; mais si elle s'est engagée en termes généraux, ou bien même, dans notre première hypothèse, si elle a accédé au changement, sa libération ne sera pas opérée par la novation;

La réunion sur la même tête des qualités de débiteur principal et de créancier, éteint l'obligation principale, et l'accessoire de cette obligation, le cautionnement, tombe avec elle. Mais la confusion peut éteindre le cautionnement, tout en laissant subsister l'obligation principale, c'est ce qui arrivera si elle s'opère entre le créancier et la caution, parce que l'on ne peut cautionner sa propre créance. Il en serait de même, si elle s'opérait entre la qualité de caution et celle de débiteur principal ; mais dans ce cas, elle ne doit pas nuire au créancier. Si donc la caution à hérité du débiteur, et que son cautionnement ait été primitivement assuré par des hypothèques, des gages, des certificateurs de caution, ces sûretés seront conservées au créancier, malgré l'extinction du cautionnement (2035). Il ne faut pas non plus, du reste, qu'elle nuise au débiteur, et si c'était celui-ci qui avait succédé à la caution, le créancier ne pourrait exiger de lui une nouvelle caution ; l'opinion contraire donnerait à l'art. 2020, une extension qu'il est difficile de lui reconnaître.

Lorsque le débiteur se trouve libéré par la compensation, la caution l'est aussi par ce seul fait, même dans le cas où elle se serait obligée comme caution solidaire ; car dès l'instant qu'elle a retenu dans le contrat la qualité de caution, elle a entendu que l'obligation qu'elle a contractée ne serait que l'accessoire d'une obligation principale. — La transaction formée entre le créancier et le débiteur, *profite* à la caution, mais elle ne peut lui *nuire*, et si les conditions de cette transaction sont plus onéreuses, la caution n'y sera pas soumise. — La prescription acquise au débiteur, profite à la caution ; c'est là une exception qui s'étend jusqu'à elle, et à laquelle le débiteur ne peut renoncer sans son agrément.

L'art. 2037, énonce un dernier mode d'extinction qui est spécial au cautionnement. La caution est déchargée lorsque la subrogation aux droits, hypothèques et priviléges du créancier, ne peut plus, par le fait de ce créancier, s'opérer en faveur de la caution; et ceci est juste; car la caution qui vient garantir l'exécution d'une obligation y a consenti, très-probablement parce qu'elle a vu qu'elle pouvait le faire sans crainte, parce qu'elle a vu que le créancier avait des hypothèques sur les biens de son débiteur, ou un gage, ou d'autres sûretés, et qu'elle a compté être investie de ces droits et actions, par l'effet de la subrogation, si elle venait à être obligée de désintéresser le créancier. Or, si le créancier renonce à l'hypothèque, établie en sa faveur, s'il néglige de faire les actes interruptifs de prescription contre un tiers détenteur de l'immeuble hypothéqué, s'il remet au débiteur l'objet qu'il tient de lui en gage, s'il décharge une autre caution dont l'engagement était venu s'adjoindre à l'obligation principale, la caution se trouve privée de sûretés, qui seules l'avaient décidée à intervenir ; la cause déterminante de son obligation n'existe plus, et il est juste qu'elle soit déchargée. Cette théorie ne serait toutefois pas applicable, si les hypothèques ou autres sûretés avaient été données postérieurement au cautionnement, car on ne peut pas dire à l'égard de celles-ci, que la caution les avait prises en considération lorsqu'elle s'est obligée ; le créancier pourra donc y renoncer, sans que la caution ait le droit de s'en plaindre. Nous pensons que l'art. 2037, ne distinguant pas, s'appliquerait aussi bien au cas de fidéjussion solidaire, qu'au cas de fidéjussion simple. Cet article est une disposition de faveur, et il n'est pas selon l'esprit de la loi, de vouloir la restreindre ; nous avons vu trop souvent la loi favoriser l'extension de ce contrat de bienfaisance, parce qu'en garantissant l'exécution des transactions, il devient un élément de crédit des plus puissants, et peut hautement contribuer par sa nature, à la circulation facile des capitaux et aux progrès de l'industrie.

QUESTIONS.

I. Peut-on cautionner une dette de jeu? — Non.

II. Le cautionnement de la vente d'un fonds dotal est-il valable? — Non.

III. Est-ce au domicile du débiteur ou au domicile du créancier que la caution, dans le silence des parties, doit être fournie? — Du créancier.

IV. Le débiteur qui est obligé par la justice ou par la loi à fournir une caution pourra-t-il offrir à la place une hypothèque? — Oui.

V. Lorsque plusieurs débiteurs se sont engagés solidairement, et qu'une caution a cautionnné l'un d'eux seulement, cette caution peut-elle demander que tous les débiteurs soient préalablement discutés? — Oui.

VI. Si les cautions avaient établi par la convention, la solidarité entre elles, verrait-on là une renonciation tacite au bénéfice de division? — Oui.

VII. — Dans certains cas, le cautionnement excédant la dette n'est pas réductible.

VIII. La caution qui a payé, lorsque le débiteur pouvait opposer des fins de non-recevoir, a-t-elle un recours contre le débiteur? — Je distingue.

IX. Lorsque la caution n'a cautionné qu'un seul des débiteurs solidaires, a-t-elle un recours pour le tout contre les autres débiteurs ? — Non.

X. Le fidéjusseur peut-il se prévaloir de la subrogation lorsque le créancier a consenti à lui donner une quittance sans avoir reçu un payement réel ? — Je distingue.

XI. La caution qui a payé a-t-elle un recours contre le tiers détenteur d'un immeuble hypothéqué ? — Oui.

XII. La caution peut-elle invoquer le bénéfice d'un concordat accordé au principal débiteur ? — Non.

Vu par le Président de la thèse,
BUGNET.

Vu par le Doyen,
C.-A. PELLAT.

www.ingramcontent.com/pod-product-compliance
Lightning Source LLC
LaVergne TN
LVHW020040090426
835510LV00039B/1321